AF340544

LES PRUSSIENS A EVREUX

HISTOIRE HÉROI-COMIQUE

D'UN

JOURNALISTE FRANÇAIS

ET D'UN

PRÉFET ALLEMAND

Le Progrès de l'Eure et le uhlan von Porembski

PAR UN TÉMOIN OCULAIRE

EN VENTE

CHEZ TOUS LES LIBRAIRES D'ÉVREUX

ET DU DÉPARTEMENT DE L'EURE

Avril 1871

HISTOIRE HÉROI-COMIQUE

D'UN

JOURNALISTE FRANÇAIS

ET

D'UN PRÉFET ALLEMAND

***

Au milieu des lâchetés et des vilenies sans nombre qui de la part de tant de Français ont accru les horreurs de l'invasion, au milieu de cette universelle défaillance, politique comme militaire, qui a été le plus puissant auxiliaire des Prussiens et leur a donné leur honteuse victoire, il est une vérité qu'il importe de constater, c'est que partout la presse, et surtout la presse démocratique, les journalistes républicains, sont demeurés dignes et fiers, ont lutté, résisté jusqu'au dernier jour.

Un des journaux qui ont tenu le plus noblement leur rôle dans ces lamentables événements est sans contredit le *Progrès de l'Eure*, à Evreux.

Deux fois déjà son rédacteur en chef, M. Boué (de Villiers), avait été arrêté, menacé d'être fusillé ou emmené en Allemagne ; mais le courage de notre confrère, ancien soldat du reste, était à la hauteur de son patriotisme.

Obligé par le pacha prussien installé à la préfecture de l'Eure d'insérer les actes de l'autorité allemande, rendu responsable

de toute phrase jugée par elle hostile — et
ce sous peine pour lui d'être fusillé, et pour
la ville d'Evreux d'être bombardée , —
M. Boué (de Villiers), écœuré de la situation qui lui était faite, annonça en tête du
journal, le 22 janvier, que, ne voulant pas
subir la censure prussienne, lui qui ne s'était
jamais courbé sous la censure française, il
se démettait de ses fonctions de rédacteur
en chef-gérant et restait provisoirement
attaché au journal à titre d'*ouvrier typo-
graphe*. (Il s'est trouvé un journal qui a eu
le triste courage de *blaguer* à cette occa-
sion !)

Cela était pour les Allemands. M. Boué
(de Villiers) n'en continua pas moins, sous
l'anonyme, de rédiger hardiment la feuille
républicaine de l'Eure ; — mais qu'il devait payer cher cette audace !

*
* *

Le préfet prussien Von Porembski, véri-
table Verrès du Danube, eut fantaisie un
beau jour de battre monnaie avec les journaux : il y en avait quatre à Evreux. Il
condamna le *Moniteur*, pour avoir qualifié
de « cacophonie » la musique prussienne,
à cent francs d'amende ; puis *l'Eure* à
300 fr. pour reproduction d'un article de
journal anglais. Le *Courrier de lE'ure* fut
épargné : il était devenu, gré ou force,
l'orgate officieux du Von Poremsbki.

Vint le tour du *Progrès*.

M. Von Porembski adressa la lettre sui-
vante au journal :

« Monsieur le Rédacteur, je viens vous
faire part *par celle-ci*, que si dans les
séances te*nus* à l'Assemblée nationale *il* se

trouvaient des AFFAIRES contre Sa Majesté l'Empereur (?) ou contre le gouvernement allemand, il faudrait éviter d'en faire insertion dans votre journal. Je vous engage de vous *en* tenir uniquement au rapports. du journal ou du *Moniteur officiel.*

« *Préfet impérial :* VON POREMESKI. »

« Evreux, 20 février 1871. »

Malavisé en ceci, notre confrère inséra la lettre en soulignant les fautes de français du *Von* préfectoral. Gros crime ! Plus gros crimes encore le point interrogatif et surtout le mot *affaires*, au lieu du mot *offenses*, coquille de compositeur que laissa passer le correcteur en lisant l'épreuve !

Le mercredi 22 février, un des caporaux secrétaires du préfet apporta au bureau du journal, où ne se trouvait que le caissier, à qui il la remit, une lettre du « secrétaire général » Von Avenslebein, qui enjoignait au directeur de « venir parler » à M. le préfet en la préfecture, à trois heures. Le directeur du journal n'habitant pas Evreux, M. Boué (de Villiers) crut devoir obéir à sa place. A l'heure indiquée, il pénétrait dans ce salon où naguère M. Janvier de la Motte, le préfet des pompiers, recevait sur la soie et le velours les cocottes en vogue de Paris et d'Evreux, et où venaient digérer nos conseillers généraux, après les laborieuses séances de leur session si bien remplie.

* *
*

Autour d'un guéridon chargé de centaines de bouteilles et verres de tous formats, fumait gravement dans des pipes pansues tout le personnel prussien de la préfecture prussienne.

Le Von Avenslebein sort et introduit M. Boué (de Villiers) dans une pièce voisine.

Là, se dressant sur ses jambes de basset, il tire de sa poche le numéro du *Progrès* et reproche à M. Boué : de n'avoir pas inséré *verbalement* l'ordre de M. le préfet ; d'avoir voulu faire du *persiflage* ; de plus, d'avoir insulté Sa Majesté l'empereur Guillaume « avec un point *interrogatoire* (?). »

Le journaliste essaie de tenir son sérieux, car il s'est aperçu que son interlocuteur est fortement alcoolisé. Il veut se justifier.

— Fous serez puni ! hurle l'autre à satiété. Fous fous êtes moqué de M. le bréfet !...

Un galopin de caporal-secrétaire, qui traverse la pièce, fait écho à son supérieur en s'écriant :

— Quand j'ai porté la lettre, ce matin, à votre bureau, votre commis m'a ri au nez et s'est moqué de M. le préfet ; vous êtes responsable !

— Voui, fous êtes resbonsable ! vocifère Von Avenslebein.

Le pauvre commis, M. X..........., était bien innocent ; mais il avait eu avec ce galopin d'employé une attitude si troublée, un langage si saugrenu, que le Prussien, à la rigueur, avait dû s'y méprendre. Ce fut là une cause déterminante des tribulations qui allaient fondre sur les rédacteurs du *Progrès*.

Tout cela impatiente M. Boué (de Villiers) ; il pressent qu'il va payer les pots cassés pour la sottise d'autrui. Il dit au Von Avenslebein :

— Vous m'avez écrit de venir parler à votre préfet. Allez dire à votre préfet que je suis là ; c'est à lui que je dois avoir affaire.

Von Avenslebein sort, puis rentre avec Von Porembski.

Le préfet, en entrant, regarde le journaliste en chien de faïence ; cependant il rend le salut. Ce préfet postiche est un capitaine de uhlans, grand et fort, très-velu ; c'est un beau Prussien, à la mine avachie par l'abus des femmes et du liquide.

Il est non moins alcoolisé que son subalterne ; de plus, il ne comprend qu'à moitié le français : impossible de lui faire entendre aucune explication, l'autre uhlan, son secrétaire général, ne cessant de rugir en allemand.

Bref, au bout d'un quart d'heure, le Von Porembski s'écrie :

— Mossié ! che fous arrête ; fus être mon brisonnier de guerre !

Et son acolyte Von Avenslebein de rugir :

—Mossié ! mossié le bréfet fous arrête ; fous être le brisonnier de guerre de mossié le bréfet !

Notre confrère est démonté et très-monté en même temps. Il se rappelle l'ami Albert Glatigny et son gendarme Theissen : il trouve M. Von Porembski un Theissen perfectionné à outrance.

— Ce que vous faites est insensé, dit-il ; vous m'arrêtez pour cela ?

— Voui, mossié, c'être bour l'exemple!

— Ah ! il ne vous suffit pas d'être odieux, vous tenez à être ridicules ?

Ici les deux Von prussiens cramoisissent

de rage. Ils appellent. Un cavalier de plan-
ton accourt, et trois bras se tendent à la
fois pour empoigner notre confrère. Mais
M. Boué (de Villiers) se retourne, et levant sa canne sur le préfet et ses deux
acolytes :

— Ne me touchez pas ! s'écrie-t-il, ou je
vous brise mon bâton sur la figure !

*
* *

On ne le touche pas, mais on le pousse
dans le grand cabinet de travail de la préfecture, transformé par ces messieurs en
cabaret et boutique d'escompteur, car on
n'y voit que bouteilles, coupes, caisses de
cigares et piles d'écus, rançon apportée
chaque jour docilement par les maires
du département, plus empressés d'obéir
aux boyards prussiens qu'au gouvernement de la République.

M. Boué (de Villiers) va s'asseoir, chapeau sur la tête, dans un fauteuil qui lui est
familier : quand il venait là naguère causer
avec son ami l'honorable M. Fleau, préfet
de l'Eure, c'était son fauteuil.

Le cavalier se place debout, l'œil et
l'oreille au guet, près du « brisonnier »,
qui, voyant le préfet s'avancer vers lui,
croit devoir retirer son chapeau. Mais il ne
s'agit pas de se découvrir. Le préfet prussien mâchonne quelque chose au factionnaire et lui ordonne de faire lever son prisonnier.

— Fus n'afez pas le troit de fus asseoir sur ce vauteuil ! Fus être mon brisonnier de guerre ! clame-t-il lui-même.

— Je me suis assis sur ce fauteuil avant
vous, et je compte bien m'y asseoir encore

après ! C'est mon fauteuil ici, répond M. Boué en se levant.

Von Porembski hurle que c'est manquer à toutes les convenances *en usance* entre gens bien élevés, et il murmure quelques mots dans son patois où M. Boué distingue celui de *schwein*.

—Pas si bien élevé vous-même ! s'écrie-t-il ; vous me traitez de *cochon* à l'instant. Pour un préfet si chatouilleux, c'est malpropre !

L'autre va furieux boire dans la pièce à côté (la chambre à coucher de Mme Tourangin ; hélas ! où sont les neiges d'antan ?)

*
* *

M. Boué resta prisonnier dans le cabinet préfectoral, de 3 heures à 10 heures du soir. On le tint debout plus de trois heures. Une fois, atrocement fatigué, il posa un pied sur le bras d'un fauteuil ; son cornac s'élança et lui remit le pied à terre. Voulant s'amuser du Porembski, il lui demanda poliment la permission de s'asseoir :

— Taisez-fus ! fus être mon brisonnier de guerre.

— Eh bien! si je m'asseyais par terre, ça ne vous gênerait pas, hein ?

Et notre confrère s'assied sur un coussin, tournant le dos au grotesque représentant de l'empereur d'Allemagne, qui, chose étrange, ne répondit ni ne bougea, mais sembla sourire — comme sourient les fauves. Cinq secondes après, il va sans dire, notre confrère se relevait.

A cinq heures et demie, le Prussien préfet donne ordre au cornac de piquet d'apporter une chaise à son « brisonnier de guerre. » A six heures, il lui donne ordre de s'asseoir lui-même.

A sept heures, tout le monde va dîner, sauf le « brisonnier de guerre » et son factionnaire, auquel il demande à fumer en lui offrant un cigare ; celui-ci met le cigare dans sa poche et empêche de fumer. Cependant il daigne le « mener pisser ».

Le préfet reparaît avec le Von Avenslebein.

— Monsieur le préfet, vous venez de dîner ! Si j'allais dîner à mon tour ? insinue en douceur M. Boué (de Villiers), je reviendrais ensuite me mettre à votre disposition pour peu que vous y teniez ! car moi je ne me sauve jamais.

— Taisez-fus, il n'est pas besoin que fus manchiez : fus avez manqué à tutes les gonfenances !

— Voui, *fous afez mis fotre cul par terre !* s'écrie le Von Avenslcbein, plus alcoolisé après dîner qu'avant.

— Erreur ! capitaine, observe M. Boué (de Villiers), en riant. Si les finesses de notre langue normande vous étaient mieux connues, vous diriez que c'est MON PRUSSIEN que j'ai mis par terre !

Les deux *Von* à casaque bleue sortent plus bleus que jamais en montrant le poing à leur « brisonnier, » près de qui se relèvent d'heure en heure des factionnaires, la pipe au bec.

*
* *

A 10 heures, survient une patrouille de douze casques pointus, avec un beau capitaine à lunettes en tête, qui poliment invite

M. Boué (de Villiers) à suivre toute cette prussaillerie. Où le mène-t-on ? Il ne sait, et il n'a pas dîné !

L'officier finit par lui déclarer qu'on va chez lui, qu'il y doit rester prisonnier la nuit, avec la patrouille de douze hommes qui le garderont, et qu'il lui faudra faire *bien mangir, bien couchir,* et *bien abreuvir.*

— C'est un rêve, cela, capitaine ! je n'ai que deux lits chez moi : un pour ma femme, un pour moi... Je donnerai le second à vos douze hommes ; mais je ne puis faire que cela pour eux.

— Il faut les bien faire *mangir,* les bien *couchir*.....

— Oui, et les bien *abreuvir.*

— C'est l'ordre, mossié ! moi, je suis *pon* ; mais c'est l'ordre !

Enfin, après bien des parlementages. M. Boué (de Villiers), sur sa demande, n'est emmené chez lui que par deux casques à pointe ; il est vrai qu'ils ont consigne de l'embrocher, s'il fait mine de fuir.

*
* *

Arrivé chez lui, stupéfaction profonde, il y trouve un poste de quatorze hommes déjà installés, gardant à vue deux typographes, **MM.** Malherbe et Daubigny, *cueillis* par eux à l'atelier et un voisin qu'on a pris pour lui.

Il se fait expliquer la situation, et apprend que l'imprimerie du *Progrès de l'Eure* est occupée par un autre poste. Chose cocasse et qui peint bien l'intelligence sauvage de sa race, tandis qu'il tenait M. Boué prisonnier sous ses yeux, le préfet Porembski signait l'ordre de l'appréhender d'autre part ; aussi on l'avait cherché toute l'après-midi et la soirée à l'imprimerie, à son domicile, en ville, au café ; de sorte que le pauvre capitaine à lunettes était sur les dents et perdait la tramontane. Mme Boué (de Villiers) n'avait pu lui dire où était son mari que, du reste, elle croyait en fuite, car, pour provoquer tout cet appareil militaire, il devait, à ses yeux, avoir tout au moins cherché à assassiner l'empereur Guillaume ou le sire de Bismark. Elle ne savait rien, ni n'avait vu personne. Le caissier, qui seul pouvait l'informer, s'était évanoui à l'aspect du premier casque jaune ; il ne reparut que vingt-quatre heures plus tard...

Ceci expliqué, les quatorze Prussiens monstrueusement repus, M. Boué put dîner (à minuit) dans sa salle à manger et coucher dans sa chambre à coucher ; il dîna et s'endormit, prévenu d'ailleurs que le lendemain matin, à dix heures, les quatorze casques, sa garde d'honneur, le remmèneraient. Ils patrouillèrent toute la nuit dans le jardin, en foulant et brisant toutes les plantations.

*
* *

Le lendemain matin, à dix heures, suivi des quatorze casques à pointe, M. Boué quitta son domicile. Il se figurait être remis en présence du préfet, puis expédié à Versailles. Pas du tout. Il fut conduit directement à la prison d'Evreux, occupée par *la Prusse*, et jeté dans une sale cellule, où l'ordre était de le tenir au secret et au régime des prisonniers *de guerre*.

Honnête Porembski ! Heureusement,

le directeur et les servants de la prison
étaient des Français...

La journée se passa pour le prisonnier
à fumer sa pipe et à observer le navrant
intérieur d'une prison. Sur ses murailles
il put lire les noms inscrits au couteau de
quelques-uns de ses prédécesseurs céans :
CLACQUESIN (un assassin qu'il avait vu exé-
cuter en 1859) ; — PIPE-EN-BOIS. rédacteurs du *Courrier de l'Eure*, 1866 ; —
CLERC ; — PORÉE JEUNE, etc.

Au soir, il fut prévenu officieusement
qu'il serait relaxé le lendemain. En effet,
à dix heures, le bon capitaine à lunettes
arrivait :

— Mossié ! snifez-moi. fus allez sortir !

Descendu, M. Boué fut invité à marcher
en tête de seize fantassins à tête pointue
qui étaient là alignés, sac au dos et fusil à
aiguille au bras.

— Marche ! commanda le bon capitaine
à lunettes.

Arrivé devant le Grand-Cerf, ledit capitaine ordonne : Halte ! - fait un speach à
ses hommes et dit à M. Boué (de Villiers) :

— Atié, mossié ! je fus quitte ; ces seize
hommes font fus suivre chez fus, et fus
karderont brisonnier, et il fus vandra
les vaire pien *mangir*, pien *couchir*...

— Et pien *abreuvir* ! n'est-ce pas ? Connu,
connu, capitaine ! mais c'est un rêve....
mais.... (Voir, plus haut, le colloque de
l'avant-veille au soir.)

Le bon capitaine à lunettes fut inexorable :

— C'est l'ordre ! je suis pien vâché ! mais
j'ai cette mission. Surtout faites-les pien
mangir, couchir, abreuvir... Pon fin, pon

café, beaucoup de viande, du fromage, du champagne, du cô-gnac !... Moi, je suis *pon*, mais c'est l'ordre !

Et le *pon* capitaine à lunettes s'en va en faisant de son casque à pointe un beau salut à M. Boué (de Villiers), qui, resté en pleine rue avec ses seize chenapans, commence à la trouver mauvaise.

Marche ! marche ! commande le sergent.

On arrive. Jugez de la figure que fait Mme Boué (de Villiers), grâce aux démarches actives et courageuses de laquelle son mari venait de sortir de prison. Le Porembski avait cru lui faire une grande faveur en lui rendant son mari, mais il la punissait elle-même des paroles indignées et patriotiques qu'elle lui avait jetées à la face, en la condamnant à voir sa maison souillée par une bande de pourceaux tudesques, en la condamnant à repaître ces ogres, à gorger ces outres.

Il eût été bien préférable, et surtout économique, de rester en prison ; mais, enfin !...

Les seize Teutons, — d'affreux valets d'étable dans leur pays (sauf le sergent et le caporal, l'un étudiant en médecine, l'autre employé de commerce, tous deux civilisés), — se mirent de suite à hurler en chœur : *Fleisch ! vine ! cô-gnac !*

Mme Boué (de Villiers) voulut tenter d'en loger une portion à l'hôtel ; nul hôtelier ne voulut, à prix d'or, de ces personnages malpropres et dangereux ; puis quelques-uns n'étaient pas fâchés de voir ces misères frapper une des rares personnes qui avaient fait preuve de cœur et de patriotisme en bravant jusqu'au bout les barbares si bien accueillis par la plupart de nos notables et de nos commerçants, qui « ont fait *leur beurre* avec eux. » N'a-t-on pas entendu, ce jour-là, une marchande de lard s'écrier : « Ah ben ! ils n'en ont pas encore assez! ils ont assez insulté ces pauvres Prussiens ! » Il est vrai que ces créatures-là, qui ont failli être assommées pour vols à l'égard de soldats français, ont tout le temps de la guerre alimenté les troupes ennemies et y ont gagné un joli pécule!

*
* *

Il fallut faire *mangir* et *abreuvir* les seize porte-casques de l'empereur et roi.

Ils faisaient trois repas par jour, à chacun desquels ils dévoraient une livre de vian le et 2 livres de pain chacun, sans parler des gigantesques ratatouilles de cochon et de pommes de terre ; ils buvaient une chopine de café noir et un litre de vin, également à chaque repas : du cidre, tant que leur ventre en pouvait jauger! Quant au *cô-gnac*, ils furent rationnés, si bien qu'il ne leur porta jamais à la tête... Mais aussi comme ils gueulaient !

Cela dura jusqu'au dimanche 26 février, 4 heures du soir. Ah ! ce jour-là, ils furent bien gentils, les seize sagouins du 43e d'infanterie prussienne. Ils savaient qu'ils évacuaient la maison, et qu'on avait le droit de se plaindre et de leur faire administrer la schlague. On ne le fit pas. A quoi bon ? Deux ou trois dos prussiens en marmelade n'eussent raccommodé ni les chaises cassées, ni les meubles déchirés, ni la vaisselle brisée, ni les draps et matelas conchiés...

Morte la bête, mort le venin ! disait le très-chrétien roi Louis XV ; déménagée la vermine, adieu la gale ! dit-on à leur départ.

L'occupation des seize gorets tudesques avait duré cinq jours : nourriture, boissons et voleries, Mme Boué (de Villiers) n'en fut pas quitte à moins de trois cents francs : deux mois des honoraires de son mari comme rédacteur en chef-gérant de la feuille ébroïcienne. L'enrichissant métier que celui de journaliste dans ces conditions et circonstances, et quel dévoûment à une idée ne faut-il pas pour l'accomplir envers et contre tous !

*
* *

Tout ce qui, susceptible d'être mangé ou bu, liquides ou victuailles, traînait quelque part, avait disparu. Deux paniers de noix, des pots de confitures, une caisse de pruneaux (10 kilog) furent dévorés sans qu'on s'en doutât. Quant aux menus objets et bibelots, peignes, savons, clefs, brosses, couteaux, linge, etc., chaque jour on découvre qu'il en manque à l'appel. Un couvert d'argent a émigré en Prusse. Heureusement, la bibliothèque était sous clef ; quant aux autres pièces, elles furent envahies et empuanties. Ces porcs ciraient leurs bottes au salon ! Jamais le plus fin chimiste, Raspail ou Orfila, ne définira l'odeur *sui generis* qu'exhale le Prussien.

Auprès, la botte de gendarme sent la rose !

Ces seize Germains, du reste, appartenaient au 43e d'infanterie prussienne, régiment famé pour sa brutalité, sa grossièreté, sa férocité, de l'aveu même d'officiers allemands des autres corps. Quand une ville n'avait pas été suffisamment docile, on appelait ce régiment dans ses murs pour rançonner, piller, sucer jusqu'à l'os les habitants. Aussi, ces mêmes officiers allemands dont je parlais tout à l'heure s'indignaient-ils que le préfet Von Porembski ait fait venir le 43e à Evreux, cité qui s'était montrée « si bonne et si hospitalière » pour l'armée prussienne. Ils s'en exprimèrent même vertement vis-à-vis de lui dans une séance de conseil de guerre. Mais M. Porembski s'en moquait bien. Le colonel du 43e n'était-il pas son frère, un deuxième Von Porembski, et le régiment-bourreau n'avait-il pas été appelé chez nous en vue de ce douzième de février que l'honnête sire s'obstinait à vouloir percevoir et que le maire d'Evreux s'obstinait courageusement à lui refuser ? Si la paix n'eût été signée si prestement, Evreux, selon toute vraisemblance, aurait été mis à sac par ces farouches troupiers de Kœnigsberg.

Quelques-uns de ces soldats parlaient le français mais, par ordre supérieur, ne le laissaient pas voir et répondaient toujours : *Nix*. Le fait a été constaté partout ; l'astuce de Von Bismark, la tartuferie allemande avaient tout calculé, tout prévu. Plus fort ! dans certains régiments, il y a des compagnies presque entières de Polonais : à ces malheureux il est interdit de causer entre eux dans leur langue maternelle ; si l'officier les y prend, ils sont schlagués jusqu'au sang.

Ces sauvages mesures n'empêchent pas la vérité de se trahir. Le second jour de l'*occupation* de M. Boué (de Villiers), ses seize garnisaires ne lui adressèrent pas un mot ni ne lui répondirent.

Ils avaient reçu l'ordre de ne pas parler de tout le jour à leurs hôtes. Quand cette consigne fut levée. le sergent le déclara, et parut la trouver stupide ; néanmoins il s'y était conformé.

Le soir du départ, le caporal, qui avait toujours feint d'ignorer le français, le comprenait parfaitement et le parlait presque. Il donna à son ex-prisonnier une poignée de main sincère en disant :

— Ah ! France, *malhur !* mais Prusse plus grand *malhur* encore ! *Napoléone, capout ! Bismark, capout !*

— Et le *Kœnig Fritz-Wilhelm? capout* aussi, hein ? interrogea M. Boué (de Villiers).

Le Kœnigsbergeois hésita, parut prendre une solennelle détermination, et répondit en rougissant :

— *Ia, Kœnig Fritz-Wilhelm, capout* aussi !

Et il fit le geste de significative pantomime pour souligner son *capout.*

Jusqu'alors, quand on leur parlait de faire *capout* à leur Mandrin couronné, les Allemands scandalisés vous jetaient des regards furieux, ou tout au moins se bornaient à dire :

— Oh ! Guillaume, *nix capout !* lui bon vieux homme !

M. Boué rendit sa poignée de main au caporal, et lui dit : « Mon ami, ne faites *capout* à personne ; mais, en rentrant en

Allemagne, flanquez-moi à la porte tous vos tyrans, et proclamez la République ! Alors vous ne recevrez plus la schlague, vous serez des hommes libres, et vous mangerez du pain blanc comme en France !

C'est en de telles circonstances qu'il est loisible d'apprécier le degré de dignité, de courage, ou de simple serviabilité de ses amis et connaissances. Tout le monde avait la plus ignoble peur du Prussien, plus encore de ses victimes ; aussi la plupart des proches voisins de M. et Mme Boué (de Villiers) ne vinrent même pas offrir leurs services ; ils s'enfermèrent chez eux. En revanche, un grand nombre de personnes des plus honorables et distinguées de la ville donnèrent à M. et Mme Boué (de Villiers) de touchants témoignages de sympathie. Quantité d'ouvriers vinrent leur serrer la main au milieu de la garnison porembskienne.

M. Boué remercie publiquement ces personnes amies, et en première ligne, M. Lépouzé, maire d'Evreux, M. Verney, vice-président du conseil de préfecture, M. Alexandre Papon, M. Davy, M. Alph. Chassant, etc., etc., etc., qui vinrent le visiter ou qui firent tout ce qui était en leur pouvoir pour abréger sa captivité.

C'est en de telles circonstances qu'il est loisible d'apprécier le degré de dignité, de courage, ou de simple serviabilité de ses amis et connaissances. Tout le monde avait la plus ignoble peur du Prussien, plus encore de ses victimes ; aussi la plupart des proches voisins de M. et Mme Boué (de Villiers) ne vinrent même pas offrir leurs services ; ils s'enfermèrent chez eux.

Deux confrères, MM. Tardiveau et J. Brenier, rédacteurs du *Courrier* et de l'*Eure*, firent une démarche qui les honore près du sieur Porembski, en faveur de M. Boué (de Villiers); mais les journaux se bornèrent à insérer quelques froides lignes pour mentionner (encore en termes erronés) l'arrestation de M. Boué (de Villiers): ils estimaient trop dangereux de protester publiquement contre la conduite du préfet prussien, et de revendiquer la mise en liberté de confrères odieusement et iniquement séquestrés ; même, ils commirent cette maladresse de lui fournir un titre contre le *Progrés de l'Eure*, en parlant les premiers d'une prétendue amende de 10,000 fr. que ce Porembski aurait infligée au journal dès le principe.

Or, ni à M. Boué ni à M. Germain il n'a été dit un mot, par un Prussien prussien, de cette amende prétendue. M. Boué n'en a eu connaissance que par le journal *l'Eure*, et M. Germain par le *Courrier de l'Eure*. Le hasard les avait donc faits les Arcas de cet Agamemnon d'écurie ?

* * *

M. Germain, propriétaire du journal, a été arrêté à son domicile, à Cissey, par vingt-cinq cuirassiers blancs, le vendredi 24 février, à 10 heures du matin. Il se rendait à Evreux. averti par les typographes de l'incarcération de M. Boué et de l'occupation de l'imprimerie. Il croyait qu'on l'arrêtait en sa qualité de maire de Grossœuvre et qu'on le conduisait devant le sire de Porembski.

Sans lui rien dire ni le laisser parler à personne, il fut conduit à la prison et écroué en la même cellule que venait de quitter une heure avant M. Boué (de Villiers). Il fut tenu au secret deux jours. Il fut plus tard informé que le préfet prussien exigeait deux mille francs pour le laisser sortir et évacuer l'imprimerie. M. Germain, naturellement, ne daigna pas répondre à ce préfet-uhlan, Polichinelle doublé de Schinderhannes. Ce même préfet-uhlan, le lendemain, disait aux ouvriers de l'imprimerie :

— Exhortez vos *chefs* à me payer les deux mille francs; moi, en récompense, je vous donnerai quelque chose pour vous !

Une autre fois, il ne demandait plus les deux mille francs qu'à titre de cautionnement:

— Qu'on me donne cet argent, disait-il au prote, M. Girault; je laisserai faire leur journal en liberté à vos patrons, et s'ils ne disent rien contre moi et les Prussiens, je jure que je restituerai l'argent en partant !

Ah! le Tartufe à casque, quel bon billet on eût eu là !

Enfin, après la signature de la paix, par l'entremise de M. Lepouzé, maire d'Evreux, qui dans toutes ces pénibles affaires a eu l'attitude la plus honorable et a été parfait pour le *Progrès de l'Eure* et ses rédacteurs, le sieur Von Porembski fit offrir à M. Germain sa liberté, à la condition de signer l'engagement de ne rien écrire contre les Prussiens et de garder le silence sur le sieur Porembski et ses méfaits.

Le mépris était la seule réponse à si dérisoire ouverture. Le Gambrinus préfectoral s'en vengea en remettant au secret le plus rigoureux le propriétaire du *Progrès de l'Eure* : sa femme même ne put obtenir de le visiter.

M. Germain, arrêté le vendredi 24 fé-

vrier, est resté en prison jusqu'au lundi
6 mars à midi. Il n'en est sorti que par
ordre de la préfecture française, la préfecture allemande, le Von Porembski et les
autres ayant déguerpi avec leur butin, ou-
bliant à la prison les honnêtes gens qu'ils
y avaient mis pourrir...

Et ils y avaient été mis après la signature de la paix, quand le préfet allemand devait être considéré comme n'ayant
plus la moindre ingérence d'autorité sur
nous et notre département. Mais, bast!
puisqu'il continuait à empocher nos finan-
ces, à percevoir les impôts, à réquisition-
ner, à voler, à incarcérer !...

Le matériel de l'imprimerie a été boule-
versé, détérioré ; les caractères mis *en
pâte* ; les casses brouillées, la presse mé-
canique tournée au rebours ; ses cordons
ont été volés, ainsi que les livrets, pinces,
pointes, cahiers de banque, tabatières, pipes, couteaux des ouvriers, et aussi le
gilet et la blouse de l'un d'eux... Des gâ-
teaux que le rédacteur avait dans une ar-
moire pour sa collation ont aussi été volés...

*
* *

M. Boué (de Villiers) a eu pour voisin
de cellule M. Siouret, maire de Faverolles,
arrêté pour avoir été trouvé possesseur
d'un fusil de chasse. Il fut relâché à gros
deniers comptant.

De braves paysans du Fidelaire, arrêtés
armés, pourrissaient depuis un mois à la
prison, sous le coup d'une sentence de
mort qui devait être exécutée après l'ar-
mistice.

M. Germain a eu pour voisins de cellule le curé de la Bonneville, le brave abbé Gohuë, arrêté pour avoir refusé de livrer aux Prussiens des francs-tireurs qui, peut-être, n'existaient pas. M. le curé de la Bonneville a été d'abord tenu au pain sec et à l'eau par ces brutes, pour qui l'abstinence est le supplice suprême. Une bonne sœur, un vénérable prêtre âgé de 80 ans furent aussi arrêtés, mais bientôt relaxés. M. Moulin, maire de la Croisille, et M. Anatole Moulin, son frère, officier des Mocquart, deux braves citoyens et dévoués patriotes, furent encore, la paix signée, écroués et tenus au secret et à l'eau : leur crime était d'être détenteurs d'armes de chasse appartenant à leur feu père, et qu'ils n'avaient pas voulu cacher par respect ponr sa mémoire.

On les avait dénoncés... comme aussi on avait dénoncé au préfet prussien le *Progrès de l'Eure* et ses rédacteurs !

On espérait qu'à force de vexations subies, ces « gens-là » se mettraient dans le cas d'être ruinés, embastillés en Allemagne ; que sais-je ? fusillés peut-être. En tout cas, c'était la mort de ce journal honnête et libre, qui gêne les autres et inspire tant de sourdes haines à Basile, à Tartufe et aux Benoitons mâles et femelles de la ville d'Évreux et du département de l'Eure tout entier !

*
* *

M. Germain, sur un mode plus sévère, a raconté dans le *Progrès* ses heures de captivité et noté les commentaires que les stupides et ridicules persécutions dont

il a été victime de la part de ce fantoche
prussien Porembski ont pu lui inspirer.

Mais chaque histoire veut sa moralité.
Des événements qui viennent d'être narrés
découlent cet enseignement et ce devoir pour les citoyens d'Evreux comme
pour ceux de toute la France :

Nous avons étudié de près les Prussiens ;
nous les avons subis ; nous les avons vu
autour de nous voler, assassiner, se livrer à
tous les excès, à toutes les saletés, à toutes
les voracités possibles. A de très-minimes
exceptions, c'est un peuple de brigands, de
pillards, de malfaiteurs ; malgré le masque
de béate hypocrisie, le faux-nez de puri-
tanisme biblique dont ils s'affublent, c'est
une nation de hideux soudards, sans autre
frein que leurs appétits brutaux , sans autre respect que celui du caporal Schlague
et du sergent Bâton.

A Evreux, dans les somptueux salons de
cette préfecture où M. Janvier, l'élégant
épicurien, recevait ses amis et amies, —
tantôt Mme la duchesse de Persigny et
M. le duc de Gramont-Caderousse, tantôt
les aimables drôlesses de l'Opéra et de la
Maison d'Or, tantôt aussi Badinguet III et
Eugénie — son crapuleux successeur Von
Porembski se faisait amener, le soir , le
troupeau omnibus des maisons à grand
numéro de la ville, et avec ces chèvres ga-
leuses qu'avait chevauchées tout le jour
plus d'un régiment, armes mêlées , de
troupiers allemands, le noble préfet prussien, son état-major, son clan de scribes
bottés se vautraient sur le velours et la soie
arrosés de champagne , d'eau-de-vie et
d'absinthe... Les beaux tableaux vivants,

les ragoûtantes priapées que cela devait
faire !...

A l'hôtel du *Grand-Cerf*, quartier général de la commandanture (Brigadestate),
mêmes mœurs et même promiscuité de
crapule soldatesque et de ribauderie...

Ah ! si les murs et les canapés pouvaient
parler !

Voilà le peuple qui prétend tenir doré-
navant en Europe la tête de la civilisation
et des mœurs élégantes !

Grattez le Prussien , vous trouvez le
Hun, le Vandale, le Sarmate, le loup du
Nord — le pandour féroce, rapace, grotes-
que — l'homme policé, jamais !...

Le Prussien le plus accompli est un
truand ganté , qui se mouche avec ses
doigts.

N'était-ce pas l'opinion formelle de plus
grand écrivain de l'Allemagne, Goethe,
l'auteur de l'apocalyptique *Faust* et du
fastidieux *Werther*, qui, en 1827, écrivait :
« Il faudra bien encore deux cents ans pour
qu'on puisse dire de nous : Du temps qu'ils
étaient des barbares ! »

Eh bien, à ces hordes de barbares qui
ont pollué notre patrie, qui l'ont saignée à
blanc, qui ont brûlé nos villes avec le pé-
trole, crucifié nos prêtres, violé nos femmes, nos filles, nos sœurs, martyrisé nos
soldats , assassiné nos concitoyens les
plus dignes, dévalisé, pillé nos maisons,
il faut jurer une guerre sans trève et
sans merci ! Non une guerre à coups de
fusils et de canons, nous ne le pouvons de
longtemps, hélas ! et quand nous le pour-
rons, la Prusse actuelle, c'est notre convic-
tion, n'existera plus ; — mais une guerre

de haine, de vengeance, de mépris, combinée avec une guerre d'idées, de propagande incessante.

Que toute l'Europe, que le monde entier sachent ce qu'est la Prusse, ce qu'est l'Allemagne, ce que sont les Prussiens, ce que sont les Allemands — des ours suiffés de pommade et d'école primaire.

Que, d'ici à la fin du siècle, aucun Français, aucun homme de liberté, de paix, de lumière ne mette sa main dans une main allemande, ne reçoive sous son toît un Allemand, ne donne de travail, de secours quelconque à un Allemand.

Que l'Allemand, que l'Allemagne portent au front l'Anathème, le Raca implacables de tout ce qui pense, de tout ce qui vibre, de tout ce qui sent honnêtement, loyalement, patriotiquement.

Plus de produits allemands, plus de musique allemande, plus rien de ce qui naît et de ce qui s'enfante sur cette terre du dol et du brigandage armés ! Que soit proscrit de France et de chez les Français tout ce qui rappelle l'Allemagne : et sa philosophie athée, et sa nuageuse métaphysique, et sa littérature mystique, nauséeuse, indigeste comme sa choucroute et comme sa bière — qui nous a abrutis...

Plus de bière, plus d'Allemands, plus même d'Allemandes en France ! Ces flasques productrices à jet continu de petits uhlans et de petits cuirassiers ont eu une part fatale à nos malheurs : c'était pour parer leur opulente massivité que les mâles de la race dévalisaient ici les horlogeries et les orfevreries, et emballaient les pendules, les pianos, les robes de soie, que

Gretchen la blonde et Charlotte la rousse leur écrivaient de rapporter de Paris.

Qu'aucun Français n'en veuille, pas plus pour cuisinière que pour maitresse !

**

Elevons nos enfants, formons la génération qui se dresse dans cette haine vivace du militarisme, du césarisme, du despotisme, des peuples soldats et de leurs rois et empereurs, des autocrates à tiare, à mitre, à couronne, à quelque latitude, à quelque race qu'ils appartiennent!

Et nous, autour de nous, dans nos murs, non-seulement ne souffrons pas de Prussiens, mais ne souffrons pas d'amis des Prussiens.

Que tous ceux,—hommes ou femmes,— qui se sont prostitués à l'ennemi, soient tenus à l'index par le mépris public, par la juste et inexorable vindicte de tous.

Homme, qu'on lui tourne le dos; femme, qu'on se détourne d'elle; *fille,* qu'on lui crache au visage.

Marchand qui a trahi son pays, affamé ses frères, en trafiquant avec le Prussien, en approvisionnant ses bandes, qu'on ne lui achète plus, qu'on prévienne chacun de ne plus lui acheter, de ne plus passer le seuil de son magasin, de sa boutique, de son étal...

Que tous ceux qui ont pactisé, fraternisé avec le Prussien, spéculé sur la ruine générale pour s'enrichir avec lui et par lui, que tous ceux là soient hautement, publiquement dénoncés et flétris comme ils le méritent.

Quant aux traîtres, aux lâches, aux agents provocateurs, aux espions qui sont allés à eux pour leur livrer des noms ou des faits, — pour leur dénoncer des concitoyens, pour les prier d'emprisonner, de frapper d'amende tel ou tel, pour implorer leur appui politique ou autre, — ah! pour ces misérables et ces canailles-là! — jour de Dieu! que ceux qui tiennent la preuve et la certitude se fassent bonne et prompte justice eux-mêmes, en plein forum, *coràm populo*, avec la canne ou le fouet, n'importe! car s'ils s'aventuraient aux vengeances pacifiques de la plume ou de la parole, ils seraient traqués en diffamation et bel et bien condamnés comme si eux étaient les gredins et les gredins les honnêtes gens!

Évreux, imp. Boué (de Villiers), rue Grande